AF364009

CATALOGUE

DE

MONNAIES

GRECQUES & ROMAINES

EN OR, EN ARGENT ET EN BRONZE

DE

MONNAIES, MÉDAILLES ET JETONS FRANÇAIS ET ÉTRANGERS

EN OR, ARGENT & CUIVRE

DONT LA VENTE AUX ENCHÈRES PUBLIQUES AURA LIEU

Par suite du Décès de M. le Comte DE BARJON

LES JEUDI 24 & VENDREDI 25 MAI 1860, A 1 HEURE PRÉCISE

HOTEL DES COMMISSAIRES-PRISEURS

Rue Drouot, n° 5

SALLE N° 6

Par le ministère de Me **GAUTHIER**, Commissaire-Priseur,
boulevart Poissonnière, 12,

Assisté de M. **ROLLIN**, Expert, rue Vivienne, 12,

Chez lesquels se distribue le présent Catalogue.

PARIS

RENOU ET MAULDE

IMPRIMEURS DE LA COMPAGNIE DES COMMISSAIRES-PRISEU

Rue de Rivoli, n° 144.

1860

CATALOGUE

DE

MONNAIES

GRECQUES & ROMAINES

EN OR, EN ARGENT ET EN BRONZE

DE

MONNAIES, MÉDAILLES ET JETONS FRANÇAIS ET ÉTRANGERS

EN OR, ARGENT & CUIVRE

DONT LA VENTE AUX ENCHÈRES PUBLIQUES AURA LIEU

Par suite du Décès de M. le Comte DE BARJON

LES JEUDI 24 & VENDREDI 25 MAI 1860, A 1 HEURE PRÉCISE

HOTEL DES COMMISSAIRES-PRISEURS

Rue Drouot, n° 5

SALLE N° 6

Par le ministère de M⁰ **GAUTHIER**, Commissaire-Priseur,
boulevart Poissonnière, 12,

Assisté de M. **ROLLIN**, Expert, rue Vivienne, 12,

Chez lesquels se distribue le présent Catalogue.

PARIS

RENOU ET MAULDE

IMPRIMEURS DE LA COMPAGNIE DES COMMISSAIRES-PRISEUR
Rue de Rivoli, n° 144.

1860

DÉSIGNATION

DES

MONNAIES

MÉDAILLES ROMAINES EN OR.

1. *Auguste*. R̸. *Imp. X*. Bœuf cornupète.
2.   —   R̸. Caius et Lucius debout.
3.   —   R̸. Caius et Lucius debout.
4.   —   Tête d'Auguste avec une étoile au-dessus de la tête. R̸. Tête de Tibère.
5. *Tibère*. R̸. *Pontif. maxim*. Femme assise. 2 ps.
6.   Même revers. 3 ps.
7. *Claude*. R̸. *De Germanis*. Arc de triomphe.
8. *Néron*. R̸. Jupiter Custos assis.
9.   —   R̸. Higiée assise.
10.   —   Têtes accolées de Néron et Agrippine. R̸. L'empereur et l'impératrice sur un char traîné par quatre éléphants.
11. *Vespasien*. R̸. La paix ailée debout.
12. *Titus*. R̸. *Cos. v*. Un veau marchant.
13. *Domitien*. R̸. L'Empereur à cheval.
14. *Trajan*. R̸. La Fortune assise.
15. *Hadrien*. R̸. Jupiter debout.
16.   —   R̸. La Concorde assise.
17.   —   R̸. L'Empereur à cheval.
18. *Sabine*. R̸. Vesta assise.
19. *Antonin*. R̸. Femme sacrifiant devant un autel.
20.   —   R̸. L'Empereur debout tenant un globe.
21. *Constant Ier*. R̸. Victoire tenant un bouclier ; à ses pieds, un captif.

22. *Constantius II*. ℞. Deux femmes assises soutenant un bouclier.

23. *Constantius II*. ℞. Victoire portant un trophée, à ses pieds un captif.

24. *Constantius II*. Tête casquée de face. ℞. Deux femmes assises soutenant un bouclier.

25. *Constantius II*. Pièce semblable.

26. *Valentinien I*^{er}. ℞. Rome de face assise.

27.   —   ℞. L'Empereur tenant un étendard et une Victoire. 2 ps.

28. *Valentinien I*^{er}. ℞. Pièce semblable; dans le champ, le monogramme du Christ.

29. *Valentinien I*^{er}. ℞. Deux femmes assises soutenant un globe; derrière, une Victoire.

30. *Valentinien I*^{er}. ℞. L'Empereur debout tenant un étendard avec le monogramme du Christ et une Victoire. 2 ps.

31. *Valens*. ℞. L'Empereur tenant un étendard et une Victoire. 2 ps.

32. *Valens*. ℞. Deux femmes assises tenant un globe; derrière, une Victoire.

33. *Valens*. ℞. L'Empereur tenant un étendard et une Victoire; dans le champ, le monogramme du Christ. 2 ps.

34. *Gratien*. ℞. Deux femmes assises tenant un globe; derrière, une Victoire. 2 ps.

35. *Theodose*. ℞. L'Empereur debout écrasant un ennemi.

36.   —   ℞. Deux femmes assises soutenant un globe; derrière, une Victoire.

37. *Theodose*. ℞. Rome assise à gauche.

38.   —   ℞. Rome assise de face.

39. *Arcadius*. ℞. Deux femmes assises tenant un globe; derrière, une Victoire. 2 ps.

40. *Arcadius*. ℞. L'Empereur tenant le labarum et écrasant un bouclier.

41. *Arcadius*. Tête de face. ℞. Rome de face assise.

42.   —   ℞. L'Empereur écrasant un ennemi.

43. *Honorius*. ℞. L'Empereur écrasant un ennemi. 6 ps.

44. *Valentinien III*. ℞. L'Empereur tenant une longue croix et une Victoire. 5 ps.

45. *Valentinien III.* ℞. Croix dans une couronne (quinaire).
46. *Marcien.* ℞. L'Empereur tenant une longue croix et une Victoire.
47. *Léon Ier.* ℞. Victoire debout tenant une longue croix. 2 ps.
48. *Léon Ier.* ℞. Croix dans une couronne (quinaire).
49. Libius Severus. ℞. Monogramme du Christ dans une couronne. Demi-sol.
50. Libius Severus. ℞. Croix dans une couronne (quinaire).
51. *Zenon.* Un sol et deux quinaires. 3 ps.
52. *Anastase.* 2 sous d'or.
53.   —   4 quinaires.
54.   —   4 quinaires.
55.   —   3 quinaires.
56. *Justin Ier.* ℞. Victoire tenant une longue croix. 3 ps.
57.   —   ℞. Même revers. 3 ps.
58.   —   Même revers. 3 ps.
59.   —   Buste de face tenant une Victoire. ℞. Rome de face assise.
60. *Justin Ier* ℞. Victoire marchant. 3 quinaires.
61.   —   Même revers. 3 quinaires.
62. *Justinien Ier.* ℞. Victoire tenant une croix sur un globe.
63.   --   ℞. Victoire tenant une longue croix.
64.   —   ℞. Victoire marchant. 3 quinaires.
65.   —   Même revers. 3 quinaires.
66.   —   Même revers. 2 quinaires barbares.
67. *Constant II et Constantin Pogonat.* ℞. Croix sur des degrés.
68. *Basile II et Constantin XI.* ℞. Le Christ de face assis.
69. *Panorme.* Palmier. ℞. Buste de cheval. Mod. 1. 2 ps.
70. *Syracuse.* Tête d'Apollon laurée. ℞. Trépied. Mod. 3.

IMPÉRIALES D'ARGENT.

71. *Auguste.* Revers variés. 5 ps.
72. *Tibère, Néron, Galba, Vitellius.* 9 ps.
73. *Trajan, Hadrien.* 2 quinaires. *Aelius, Lucille.* 6 ps.
74. Etruscus, Etruscille, Aemilien, Mariniana, Postume la massue sur l'épaule. 5 ps.

75. *Julien II, Constantius II.* 3 ps.
76. *Jules - César et Auguste, Auguste, Néron.* 3 grands bronzes.
77. *Nerva, Trajan, Élagabale.* 3 grands bronzes.
78. *Germanicus, Vespasien, Faustine mère.* 3 moyens bronzes.
79. *Tetricus, Séverine, Vabalathe, Carausius.* 4 petits bronzes.
80. *Allectus, Flacille, Theodora.* 4 petits bronzes.

MONNAIES FRANÇAISES EN OR.

GAULOISES.

81. Cheval au galop. ℞. Lisse. 2 ps.
82. Un œil. ℞. Cheval; devant, un monogramme.
83. Cheval. ℞. Gui, épi et fleurons. 2 ps.
84. Tête d'un chef. ℞. Cheval; dessous, une lyre. 2 p.

TRIENS MÉROVINGIENS

85. *Cabillonno.* ℞. WINTRIO.
86. *Vendemius.* En monogramme *Treveris.*
87. *Vienna.* ℞. *Isperanus.*
88. *Austa fit.* ℞. *Daccho mun.*
89. *Tornronno fit.* ℞. *Cartus mon.*
90. *Brionno.* ℞. *Charvaricus.*
91. *Mosa vico.* ℞. *Marculfus.*
92. *Gnomuris.*
93. Monétaires indéterminés. 4 ps.
94. Monétaires indéterminés. 4 ps.
95. Monétaires indéterminés. 4 ps.
96. *Anastase.* Au revers *B.* Sol d'or.
97.   —   Au revers *A.* Sol d'or.
98.   —   Pièce semblable. 2 sous d'or.
99.   —   Monogramme de Gondebaud. Sol d'or.
100.   —   Monogramme de Gondebaud. Sol d'or.
101.   —   Même monogramme. 4 Triens.
102.   —   Même monogramme. 4 Triens.
103.   —   Même monogramme. 3 Triens.
104.   —   Monogramme de Sigismond. 1 Triens.

105. *Grimoald.* Sol d'or. Au revers de *Charlemagne.*
105 bis. —   1/3 sol d'or. Au revers de *Charlemagne.*
106. *Grimoald* seul. 1/3 sol d'or.
107. *Arigis.* 1/3 sol d'or. 3 ps.
108. *Sicard.* Sol d'or.
109. *Sicard.* 1/3 sol d'or.
110. *Grégoire.* 1/3 sol d'or.
111. *Ervigius,* roi visigoth. ℞. *Emerita pius. Merida.*
112. *Philippe le Bel.* Gros royal.
113   —   Pièce semblable.
114. *Charles le Bel.* Royal.
115. *Jean le Bon.* Écu.
116.   —   Franc à cheval. 3 p.
117.   —   Mouton. 2 ps.
118. *Philippe de Valois.* Petit royal. 3 ps.
119.   —   Écu. 2 ps.
120.   —   Écu. 2 ps.
121.   —   Chaise.
122.   —   Pavillon.
123.   —   Pavillon.
124.   —   Grand royal.
125.   —   Ange.
126.   —   Ange.
127.   —   Lion.
128. *Charles V.* Franc à pied. 2 ps.
129.   —   Franc à pied. 3 ps.
130.   —   Franc à cheval.
131.   —   Florin. *Frantia.*
132.   —   Florin. *Krol. Dphs. r.* 2 ps.
133. *Charles VI.* Royal. 3 ps.
134. *Henri VI.* Salut. 3 ps.
135. *Charles VII.* Écu. 4 ps.
136. *Louis XI.* Écu.
137. *Charles VIII.* Écu. 2 ps.
138.   —   1/2 écu. 2 ps.
139.   —   1/2 écu au soleil.
140. *Louis XII.* Écu d'or au porc-épic. 3 ps.
141.   —   Écu d'or, avec l'inscription *Britonum dux.*

142. *François I*ᵉʳ. Écu au soleil. **2 variétés.**
143.   —   Écu, avec la légende *Britannie dux.*
144.   —   Écu du Dauphiné.
145. *Henri II.* Henri d'or, avec tête.
146. *Charles IX.* Écu et 1/2 écu. **2 ps.**
147.   —   Écu et 1/2 écu. **2 ps.**
148. *Henri III.* Écu d'or. **3 ps.**
149. *Louis XIII.* Écu d'or. 3 variétés.
150.   —   Louis 1641, 1/2 Louis 1641. **2 ps.**
151.   —   1/2 Louis 1642-1643. **3 ps.**
152. *Louis XIV.* Écu d'or, 1645-1647. **2 ps.**
153.   —   Louis aux 8 *L.*, 1643.
154. *Louis XV.* Louis aux L enlacés, 1724.
155. *Louis XVI.* Louis constitutionnel, 1793.
156. *Napoléon.* Petite médaille, le Sénat et le Peuple.

MONNAIES SEIGNEURIALES EN OR.

157. Archevêché d'*Arles.* Florin.
158. *Raimond,* prince d'*Orange.* Florin. **2 ps.**
159. *Philippe le Bon.* Lion d'or pour la *Flandre.* **2 ps.**
160.   —   Lion d'or pour le *Hainaut.*
161. *Louis de Male.* Écu d'or et 1/4 écu. **2 ps.**
162. *Wenceslas et Jeanne. Brabant.* Écu au Saint-Pierre.
163. *Strasbourg. Nummus aureus urbis Argentinae.* **3 ps.**
164. *Besançon,* 1655. Charles-Quint debout. Demi-ducat.

MONNAIES ÉTRANGÈRES EN OR.

165. *Richard III.* Noble à la rose.
166. *Edouard V.* Noble à la rose.
167. *Edouard V.* Angel.
168. *Henri V.* Écu.
169. *Henri VI.* Noble et demi-noble à la rose.
170.   —   Noble et demi-noble à la rose.
171. *Charles I*ᵉʳ. Guinée.
172. *Georges I*ᵉʳ. 4 schellings.
173. *Georges II.* Pièces de deux guinées.
174.   —   Pour le Hanovre. 1 gold Gulden, 2 thalers.

175. *Georges III. Fidei defensor.* 5 schellings.
176. *Jacques V*, d'Ecosse. 5 schellings. 2 ps.
177.   —   —   Sans la tête. Ecu d'or.
178. *Jeanne et Charles*, d'Espagne. Demi-écu.
179. *Ferdinand et Élisabeth.* Ecu d'or.
180. *Philippe II.* Comme duc de Milan.
181. *Charles VI.* Pour la Sicile, 1781.
182. *Jean V.* Portugal. Seizième de quadruple.
183. *Léonard Donato*, doge de Venise. 1 sequin.
184. *Chrétien-François et Charles-Emmanuel*, ducs de Savoie.
185. *Victor-Amédée*, roi de Sardaigne, 1787.
186. *Louis*, roi de Bohême. 3 p. Florin.
187. *Jean l'Aveugle*, roi de Bohême. Florin.
188. *Frédéric-Auguste*, roi de Pologne. Ducat.
189. *Sigismond*, roi de Hongrie. Ducat.
190. *Frédéric-Auguste*, roi de Pologne. Ducat, 1714.
191. *Sigismond*, roi de Pologne. Dantzig, 1611. Ducat.
192. *Frédéric-Auguste*, électeur, 1711. Ducat.
193. *Pays-Bas*, 1815. Ducat.
194. *Sigismond*, empereur. *Moneta no notring.* Ducat.
195. *Frédéric-Guillaume*, roi de Prusse, 1821.
196. *Georges II.* Brunswick et Lunebourg, 1762. 2 thalers.
197. *Mayence.* Ducat. 2 ps.
198. *Francfort*, 1796. Ducat.
199. *Arabes.* 1 pièce des Maures d'Espagne, 1 pour la Si-
     cile. 2 ps.
200. *Pondichéry.* 1 p. *Turquie.* 1 p. 2 ps.

MONNAIES FRANÇAISES EN ARGENT ET EN BILLON.

201. *Charlemagne.* Grand monogramme occupant tout le
     champ. ℞. *Metullo.* — *Carlus rex fr.* ℞. *Metullo.* 4 ps.
202. *Louis le Débonnaire. Christiana religio.* Deniers et obole.
     6 ps.
203. *Louis le Débonnaire.* ℞. *Metallum.* En deux lignes.
204. *Charles le Chauve.* Tours et Château-Chinon. 1 denier.
205.   —   Angers, Lemans, Courtsessin. 5 ps.
206. *Charles le Gros.* Quentowic, *Charles le Simple. Parisii*
     en deux lignes. — *Christiana religio.* 4 ps.

207. *Eudes.* Tours. *Charles III. Metalo.* Deniers et oboles. 10 ps.
208. *Louis le Germanique.* Mayence, Cologne, etc. *Othon et Adélaïde.* 5 ps.
209. *Phillippe* et *Roger*, évèque de Laon. —*Philippe-Auguste.* Montreuil. — *Louis VI.* Etampes. Obole. 3 ps.
210. *Charles le Bel.* Gros tournois. *Franchorum.* 2 ps.
211. *Philippe VI.* Gros parisis. *Parisius civis argenti.* Sous une couronne, *fraco phi.* Rare et beau.
212. *Jean le Bon.* Gros à la fleur de lis occupant tout le champ. 2 ps.
213. — Gros tournois. — Gros avec trois fleurs de lis sous une couronne. 2 ps.
214. *Charles VI.* Piéfort en billon. *Moneta duplex.*
215. — Gros tournois, gros et demi-gros pour le Dauphiné. 3 ps.
216. *Henri VI.* Grands blancs et petits tournois. 4 ps.
217. *Charles VII.* Grand blanc, petit blanc, hardis. 4 ps.
218. *Charles VIII.* Blanc au grand K, hardi et liard pour Aquilée. 3 ps.
219. *Henri II.* Teston à virole. — Testons avec les lettres *c. h.* 3 ps.
220. *Charles IX.* Teston du Dauphiné. *Henri III.* Teston à la collerette. Blanc. 3 ps.
221. *Louis XIV.* Demi-écu pour Strasbourg, 1709.
222. *Henri V.* Demi-franc. *Louis-Philippe.* Essai de 100 fr. en étain. 2 ps.

MONNAIES SEIGNEURIALES EN ARGENT.

223. *Angoulême, Hugues,* comte de la Marche, *Charles* d'Anjou, *Foulcques* d'Anjou, *Guillaume X.* Bordeaux. 6 ps.
224. *Eléonore,* duchesse d'Aquitaine; *Richard,* Cœur de Lion, Poitiers. *Henri II* d'Aquitaine; *Edouard,* Prince Noir, Aquitaine. 6 ps.
225. *Edouard III,* Aquitaine. Gros tournois en billon. TVRONVS. REGEM.
226. *Centulle,* vicomte de Béarn. *Urbain IV,* Avignon. *François Phœbus,* Béarn. 6 p.

227. *Charles-Quint*, Besançon. — Besançon, *prothomartir*. 6 ps.
228. *Louis* de Bourbon.
229. *Hugues*, Dijon. *Philippe le Hardi*, Bourgogne. *Philippe le Bon*, plaquette-écusson sur un lion. 4 p.
230. *Étienne de Penthièvre*, Guingamp. *Thibaut*, Provins. Évêché de *Cahors. Gauthier*, évêque de Laon. 4 ps.
231. *Lyon*. — *Henricus*. Croix. ℞. *Lugdunus;* dans le champ, un grand *S*. 2 ps.
232. *Orange*. Frédéric Barberousse. Langres. ℞. *Ludovicus rex*. 2 ps.
233. *Lorraine*. Antoine. Charles III. 3 testons.
234. — Leopold, Charles IV. 3 testons. un demi-teston.
235. *Basse-Lorraine*. Jean III, gros au Saint-Pierre. *Lyon*, deniers et obole. 5 ps.
236. *Macon*. ℞. *Philippus rex*. — *Nevers*. ℞. *Ludovicus Ier*. — Mahault. Ervée. 6 ps,
237. *Poitou*. Alfonse. Richard, Cœur de Lion. — *Châtillon*, Gaucher. 3 ps.
238. *Provence*, Charles d'Anjou. *Saint-Quentin*, Éléonore. — Rois de la mer, *Cunetti*. 4 ps.
239. *Strasbourg*. XXX sols, 1689. — XII assis. — Semissis. 5 ps.
240. *Strasbourg*. Cardinal de Rohan. 20 — 10 assis. 2 ps.
241. *Utrecht* assiégé par les Espagnols. Une pièce en cuivre.
242. *Hainaut*. Arnold. — *Brabant et Limbourg*. Florent, comte du Hainaut. *Durdrencis civi*. 4 esterlings.
243. Médaille en argent du sacre de *Louis XIII*. 1610.
244. Médaille en bronze doré de *Louis XIII. Ob aquas deductas*. 1624.
245. Médaille en bronze doré du cardinal de Fleury. MDCCXXXVI. Gravée par Dassier.
246. Caldiste Ier. Marcel Ier. Denys Ier. Trois médailles de papes en bronze.

MONNAIES ÉTRANGÈRES EN ARGENT.

247. *Innocent XI, Pie V, Alexandre VIII*. Trois testons.
248. *Innocent XII*. Ecu, demi-écu, un quart d'écu. 3 ps.

249. *Clément X, Clément XI.* Trois écus.

250. *Benoist XIV, Pie VI.* 2 écus, demi-écu, quart d'écu. 4 ps.

251. *Heptarchie anglaise. — canred. eadrid. Vignum,* etc. 6 petites pièces anglaises en cuivre.

252. *Enut, Henri II-III.* 3 deniers.

253. *Edouard III.* Abberfard. Londres. 2 deniers. *Edouard IV.* gros. 3 ps.

254. *Henri VI.* Londres, Calais. Gros et demi-gros. 3 ps.

255. *Henri VIII. Anne, Georges II.* 5 ps.

256. *Georges III, Georges IV.* 5 schelling. 3 ps.

257. *Jacques VI,* Écosse, 1571. Écu.

258. *Danemarck.* Magnus, etc. 3 ps.

259. *Suède.* Christine, Gustave-Adolphe. 3 écus.

260. *Pologne.* Stanislas Auguste, Frédéric-Auguste, Frédéric-Christian, Jean III Sobieski. Écus, demi-écus, quarts d'écus. 4 ps.

261. *Prusse.* Frédéric. Frédéric-Guillaume III pour Neufchâtel. 2 thalers.

263. *Silésie.* Monnaie carrée. — *Tassa.* Augustin Spinola. 2 ps.

264. *Savoie. Ludovicus dux.* 2 deniers et 2 oboles.

265. — Louis-Emmanuel Philibert. 4 ps.

266. — Victor-Emmanuel, Charles-Emmanuel. Écu, demi-écu, quart d'écu. 3 ps.

267. *Saxe.* Jean-Frédéric. Jean-Georges, Frédéric senior. 3 doubles écus.

268. *Munster. Cologne.* 2 doubles écus.

269. *Mayence.* Damian, Hartard, Anselm, François, archevêques. 2 doubles écus.

270. *Middelbourg,* 1572. Écu carré. — *Mecklembourg,* Henri II. 2 écus.

271. *Liège.* Sede vacante, 1744. Ecu. *Ulm,* 1704. Monnaie carrée. 2 ps.

272. *Constance,* 1623. Vue de la ville. Double écu.

273. *Trivulce.* Théodore. Double écu, demi-écu; teston. 3 ps.

274. *Autriche.* Albert et Élisabeth pour le Brabant. Écu. — Ferdinand-Charles pour le Tyrol. Double écu.

275. *Tyrol.* Sigismond d'Autriche. 3 gros.

276. *Bohême.* Louis Ier, Ferdinand II. 2 doubles écus et 1 gros.

277. *Alsace-Landgrave*. Maximilien, Léopold Ier et II. Double écu et 2 écus.

278. *Flandre*. Marie-Thérèse, 1750. Frappée à Anvers. Écu.

279. *Étrurie*. Louis Ier et Marie-Louise. 2 écus.

280. *Lucerne-Argovie*. 1812-1814. 2 écus.

281. *Sicile-Aragon*. Jacques, Ferdinand Ier, Ferdinand II. 4 ps.

282. *Besançon. Charles-Quint*. Son buste. Écu, un quart, un huitième. 5 ps.

283. — — L'empereur debout, 1658-1661-1666-1667. 4 écus.

284. *Philippe II*. Pour le Brabant, demi-écu. Pour *Tournay*, demi-écu, blanc. 4 ps.

285. *Albert* et *Élisabeth*. Pour Anvers, demi-écu. *Philippe V*, 1721. *Charles II*, pour Barcelone. 3 ps.

286. *Portugal*. Marie 1re, 400 reis. — Joseph Ier, LXXX reis. — *Maldte*. Antoine de Vilhena, Emmanuel de Rohan, 4 ps.

287. *Venise*. Jacques Teupolo. François Foscari. 3 ps.

288. — Léonard Lauredan, André Gritti. 3 ps.

289. *Milan*. Galéas-Marie Sforce. 3 ps.

290. — — — Louis More. 2 testons.

291. *Mantoue*. François, duc. Teston et demi-teston.

292. *Vérone. Pergame*. Frédéric. 2 ps.

293. *Raguse. Rector rei rhagusin*. 1767. Écu.

294. Sous ce numéro, il sera vendu une quantité considérable de lots composés de médailles grecques et romaines en argent et en bronze, de monnaies et médailles françaises et étrangères en argent, en billon et en cuivre.

N. B. Le 25, dernier jour de la vente des médailles, il sera vendu, à 7 heures de relevée, 500 volumes sur la numismatique et les antiquités, 500 volumes de littérature.

CONDITIONS DE LA VENTE

—

Elle sera faite au comptant.

Les acquéreurs paieront, en sus des adjudications, cinq pour cent, applicables aux frais de vente.

RENOU et MAULDE, imprimeurs de la Compagnie des Commissaires-Priseurs, rue de Rivoli, 144. 10479